KB268292

사랑( ) 빠졌다

문힘시선 025

사랑( ) 빠졌다

발행일 2023년 04월 30일

지은이 이수아
펴낸이 이순옥

펴낸곳 도서출판 문화의힘
        등록 364-0000117
        주소 대전광역시 동구 대전천북로 30-2(1층)
        전화 042-633-6537
        전송 0505-489-6537

ISBN 979-11-87429-94-4
ⓒ 이수아 2023
저자와 협의로 인지는 생략합니다.

|값 11,000원|

문힘시선 025

사랑( ) 빠졌다

이수아 시집

도서출판 문화의힘

사랑( ) 빠졌다

사랑의 조건 중에 꼭 한 가지를 묻는다면
눈에 잘 띄지 않는 마음이라고 대답하겠습니다.
보이지 않지만 신성한 우물을 길어 올리는 곳이기 때문입니다.
이따금 날카로운 세상에서 뾰족한 것에 찔려서 파상풍 주사에
의존하는 수도 있지만 세 갈래 길에서 주저주저하지 않고
순수한 마음이 잡아 끌어주는 곳으로
발걸음을 내어 딛을 작정입니다.
거니는 중에 내 손을 잡아주는 사랑의 마음속에서
이름을 불러줄 때까지
기다리겠습니다

2023년 봄
이 수 아

제1부 상사화

당신이 있는 자리 · · · · · · · · · · · · · · · · · 12
상사화 · 13
아카시아 향기처럼 · · · · · · · · · · · · · · · 14
구름이 찾아온 날 · · · · · · · · · · · · · · · · 15
가는 봄날 · 16
보문산공원로에서 동행 · · · · · · · · · · · · 18
죽음 같은 그리움 · · · · · · · · · · · · · · · · 19
고양이와 선인장 · · · · · · · · · · · · · · · · 20
웃음이 주는 세상 · · · · · · · · · · · · · · · · 22
나팔소리가 들릴 때 · · · · · · · · · · · · · · 23
새와 꽃나무 · · · · · · · · · · · · · · · · · · 24
맷돌커피 · 25
용서없이 · 26
지하상가를 구경한 안드로메다 양 · · · 28

제2부 반짝이는 눈물의 색깔

반짝이는 눈물의 색깔 · · · · · · · · · · · · · 32

옥잠화 · 34

기차가 달리는 화폭 · · · · · · · · · · · · · 35

조사가 빠진 사랑 · · · · · · · · · · · · · · · 36

만세의 꽃 · · · · · · · · · · · · · · · · · · · 38

벚꽃 아래서 · · · · · · · · · · · · · · · · · · 40

흙의 집에서 떠나는 눈 · · · · · · · · · · · · 41

달동네 · 42

하늘의 소자야 · · · · · · · · · · · · · · · · · 43

오후 여섯시에 지는 그리움 · · · · · · · · · 44

출렁다리에서 사랑은 · · · · · · · · · · · · · 46

목숨이 나부끼다 · · · · · · · · · · · · · · · 47

하루가 멀다 하고 · · · · · · · · · · · · · · · 48

제3부 돌무덤을 열고

성전 · 52
남자 · 54
구원의 노래 · · · · · · · · · · · · · · · · · 56
완성 · 58
다섯 달란트의 비유 · · · · · · · · · · 60
편견의 문 · · · · · · · · · · · · · · · · · · · 62
Passover · 64
관계의 열쇠 · · · · · · · · · · · · · · · · · 66
돌무덤을 열고 · · · · · · · · · · · · · · · 68
8개월의 미완 · · · · · · · · · · · · · · · · 69
귀빠진 날에 포옹 · · · · · · · · · · · · · 70
꺼지지 않는 목소리 · · · · · · · · · · · 72
왼손이 오른팔에게 · · · · · · · · · · · 73
바울처럼 · 74
하나님의 나라는 · · · · · · · · · · · · · 75

제4부 매화의 늦봄

목련이 떨어지면 · 78

매화의 늦봄 · 79

비와 조치원 · · · · · · · · · · · · · · · · · · · 80

모과차 · 81

걸어가는 가을 · · · · · · · · · · · · · · · · · 82

너를 등지고 · · · · · · · · · · · · · · · · · · 83

겨울 갈대 · · · · · · · · · · · · · · · · · · · 84

보문산 연가 · · · · · · · · · · · · · · · · · · 85

일부일처 긴점박이 올빼미 · · · · · · · · · · 86

지제역에 뜬 저녁해 · · · · · · · · · · · · · · 87

7일이 준 잣대 · · · · · · · · · · · · · · · · · 88

참새들의 봄 · · · · · · · · · · · · · · · · · · 89

천사들 · 90

허리 섞인 하루 · · · · · · · · · · · · · · · · 91

해설 _ 신용협

존재의 탐구와
　　사랑을 통한 구원의 추구 · · · · · · · · 94

사랑( ) 빠졌다

제1부

상사화

당신이 있는 자리

그을린 시간이 찰나에 멈추고
언제 문 앞에 와 있는지 모르게

저벅저벅 사랑이 오네요
파르르 떨리는 심장은
바랄 게 없다고 하네요

바람처럼 뺨에 부딪치고
파도처럼 울먹이기도 하고
바위처럼 그 자리에서

지금처럼
만나자고 하네요

상사화

깍지 낀 손에 사랑을 포개고
천 번을 두리번거린다

낮과 밤이 잇고
해와 달을 오르고

만날 기약도 날짜도 없이
새기고

코에 스며든 소리 없는 향기
만날 수 없는 잎과 가지

인연의 바람이 부는
산에서 기다리고

그 꽃은 누구인가
순정으로 피었는가

아카시아 향기처럼

누군가
당신을 뜨겁게 사랑한다고 고백하나요
저울에 달아 보세요

사랑의 증거를 보여주세요
바람처럼 이마의 땀방울을 씻어주나요

전화 한 통 없이 카톡으로
상습적인 멘트를 지저귀나요
죽은 척 해보세요

비온 뒤
꽃잎이 지는 것만 아쉬운가요
아카시아 향기에 머물러 보세요

이별에 냄새는 없어요
아카시아 나무 밑에서 숨을 고르세요

구름이 찾아온 날

안방 창문으로 불쑥 얼굴을 들이밀고
이 방 저 방으로 기웃기웃

낮에 온 비구름인가
눈을 맞추니

노루처럼 사뿐사뿐
향기로운 입김을 감추고

손에 닿을 듯 추억의
그림자를 달고 왔다

나그네가 아니었다
셀 수 없는 시간부터 보이지 않을 때까지
내 방을 드나들었다고

가는 봄날

고개를 끄덕이지 않아도
봄은 불쑥 혀를 내밀고
재빠르게 갈 채비를 한다

변명 없는 날이 언제 있을까
겨울보다 냉혹한 거짓말

목련이 반갑지 않은 나는
꽃보다 끈적한 삶의 향기이리라

빗소리도 봄을 꺼리는지
추적추적 부딪치고

배달하는 오토바이처럼
땅땅 문을 두드리는
성급한 봄소식은 어디로 지나가

바바리코트로 가린 내 엉덩이가
봄의 불쾌한 하루를 짓누르고

까마득한 과거의 종잡을 수 없는
죽은 언니의 기억 속으로
봄날이 멈춘다

보문산공원로에서 동행

첩첩이 산내음으로 봄을 맞는다
키다리나무의 자유는 하늘에게 입을 벌리고
뒷짐을 진 산책로는 둘이 짝지어 쉬어가고
산새들의 노래로 휴식을 선물한다

겨우내 마른 가지는 애써 봄을 부르고
봄바람은 굵은 빗소리처럼 수북하게 꽃잎을 흔들고

진달래를 감춘 여인네
철쭉을 닮은 여인네
집밥을 싸들고 온 여인네
보문산공원로를 오르는 여인네

눈과 눈을 마주치는 동행은
하루의 정점을 찍는 마주침이다

동행할 수 없는 무녀들은 산책로에 없다
산과 나무와 구름과 태양과 하늘을 가리고
보리밥 한 공기와 된장 한 종지에
코를 묻는다

죽음 같은 그리움

나이를 먹어가는 그리움
몇 살 때부터 시작된 전쟁이지

한 해 두 해 만리장성처럼
그리움이 쌓이는 줄 알았지

팔딱거리는 시간을 붙잡아
그것을 따져본다

달력을 넘기고
손가락을 꼽아 보고

노을을 따라다니고
뱃길을 들여다보고

싸이프러스나무 곁에 기대 볼까
그리움도 푸르러지려나

죽음의 색으로 물드는 그리움
사막에서 만나길 기다릴게

고양이와 선인장

향기 없는 선인장에게
킁킁대는 고양이의 능숙한 일상

깊숙한 가시가
고양이 발톱처럼 옷을 벗고

작은 상처와 큰 얼룩으로
일그러진 너에게

고양이가 입을 마주대고
걸어보라고 추근댄다

아무 말 않는 벙어리 선인장
자고 일어나면 한 뼘씩 자라고

고양이와 선인장은
하루 종일 주인을 기다리고

우두커니
창문으로 지는 시간에

고양이와 선인장은
그 자리에 웅크린다

고양이와 선인장은
그 자리에 웅크린다

웃음이 주는 세상

구름이 웃으며 바람에 기댄 솔잎에게
살랑살랑 말을 거네요

자유는 머물지 않고
하늘에 떠 있다고

비를 맞으며 웃고 있는
키 큰 선인장을 보고 있어요

나란히 놓인 연인의 구두도
뺨을 마주대고 웃네요

헤어지자던 변덕스러움도
약속의 반지를 만지작거리며

울음이 웃음에게 묻네요
웃는 당신에게 가는 길은 어디인가요

나팔소리가 들릴 때

숲에서 전등이 흔들릴 때
발등에 팽개쳐진 심장을 집어드세요

옥탑방으로 별들이 쏟아질 때
촘촘히 박힌 별을 꿰서 화관을 쓰세요

구름이 달을 가릴 때
옛 기억의 저편으로 일그러지지 말아요

사람과 사람의 문을 열 때
영혼의 눈을 가리지 마세요

바닷속에 두고 온 마음이 부를 때
이 세상에서 캘 수 없는 보물이 숨어 있네요

바람이 날개를 달 때
마지막 나팔소리에 깃털 같은 새가 되지요

새와 꽃나무

뿌리 깊은 나무에 대해서 들었다

꽃나무에 새가 앉는다
전봇대 꼭대기에 앉아선 지저귀지 않는다
꽃나무는 세월에 지지 않는다

갑자기 오백 년 된 소나무가
번개에 맞아서 부러졌다

새는 꽃잎이 져도
꽃나무를 찾아든다

구름에 기웃거리지 않는
새는 꽃나무에서 머물고

새와 꽃나무는
하나님의 손짓을 따른다

변하지 않는
태초에로 회귀한다

맷돌커피

할머니의 치마폭에서
맷돌에 찧은 커피로 입을 적시고
능소화 사랑에 가슴을 어르다

이끼 낀 담장 아래 사랑을 밟고 서 있는
눈물을 누가 알까

곱게 빚은 맷돌 커피에
감싸는 남자의 향기에 애증을 녹이고

맷돌을 잡은 할머니의 손은
깨알같이 이야기를 굽고

그 가게는 실연失戀마저
지피는 할머니의 아궁이다

용서 없이

가까스로 용기를 냈다
일백만 원의 합의금은 턱도 없이
모자라다

목숨을 토막내고
댓글로 인격 살인한 외계인들은
득시글득시글

버스정류장에서
희번득희번득 흠집 낼 이유를
따지고 있다

에티켓을 소곤소곤 저장하는
게시판은 사라진 지 오래다

이름도 필요치 않고
5G보다 스피드 있는 세상 속으로
파고든다

우연히 눈이 마주쳐도
경범죄로 벌금을 내는 사람들과
소통에 지친다

디지털이 준 반가움은
익명으로 여러 차례 이래선 안 되고
저래선 안 되는 마녀사냥이었지

이천 년이 지나가는
낯선 기차를 타고 용서하지 못하는
이야기 속으로 출발한다

지하상가를 구경한 안드로메다 양

지옥과 같다
빛을 빼앗겨 죽으면 어떡하나
내 고향 별나라로 귀환해야 하니까

바이블은 예수의 피를 쥐어짜고
대형 문고는 베스트셀러를 장식하고
자영업자는 역사의 뒤안길로 사라지고

해가 없는 지하에는
외계인들이 우글대고
눈에 돈을 붙이고 손짓한다

나는 안드로메다에서 온 숫처녀다
남자는 하염없이 친절해
희생은 보이지 않고 엔조이 만땅

먹고 입고 먹고 입고
떡으로만 살 것이 아니다

낙원에 있는 영혼들

지하를 꺼려하는 눈치다

어서 날개를 찾아줘
지옥문이 닫히기 전에

사랑( ) 빠졌다

제2부

반짝이는 눈물의 색깔

반짝이는 눈물의 색깔

한몸이라고
손에 손을 맞잡으면 궁극에 이른다고

종이 한 장 차이
말과 말 사이에 끼인 눈물의 색깔

방황하는 고통은
모질게 처박히질 못하고

선뜻 말한다
그럴 수도 있다고
사람은 혼자 살 수 없다고

너의 눈물은
반짝이는 별과 들썩이는 상처

백팩이 아닌
보따리에 눈물을 싸맬 때마다

뚝 그쳐진 울음은
소나기 같은 구름에 퍼 올리고

자취도 없이
비泌로 머문다

옥잠화

내 몸 속에서 꽃이 자란다
봉오리가 열릴 때 추억이 달린다

양지바른 곳에 앉아서
사시사철 내 안에 끼어 있다

흩어지지 않는 기억에
물을 주고 다듬는다

버려진 듯 깨진 화분에서
옥잠화가 피어나고

사내의 입김에 잠든 것처럼
말없이 입을 다물고

야반도주한 과부의 입맞춤에
설렘을 잊지 못한 꽃잎

시간을 붙잡고 타오르는 향기에
목마름을 달랜다

기차가 달리는 화폭

찰싹거리는 바람을 맞으며
구름의 기분을 맞춘다

덜컹거림 없이 날아가는 기차의 덜미를 잡고
수채화가 완성된다

침대에 누운 알츠하이머 환자는
과거에서 살고

반복되는 시간을 쫓을 수 없어
손목만큼 가늘어지는 발목이 한스러워

삶은 언제 매듭지어지나
기차는 풍경 속으로 멀어진다

조사助詞가 빠진 사랑

할머니보다 엄마가 더 좋아
할머니는 엄마보다 더 안 예뻐
할머니는 엄마보다 그림을 못 그려
할머니는 엄마보다 돈도 없어
할머니는 엄마보다 일찍 자고
할머니는 엄마보다 뚱뚱해
할머니는 내 옆에 없잖아

손녀는 헤어질 때
능숙한 손놀림으로 자화상을
스케치하고 벽에 붙여 놓으란다

할머니의 속을 들락거리며
그림 한 장으로 달래주는
손녀의 하늘은
자유롭다

손녀는 줄곧 말한다
나는 엄마한테

“사랑( ) 빠졌다”

“사랑( ) 빠졌다”

만세의 꽃

대한독립 만세의 태극기를 껴안고
총과 칼에 나뒹군 유관순
아우내장터가 좁아서 들리지 않던
처녀의 함성

불꽃보다 세차게
물보다 거칠게

구걸하지 않는 자유
손에 쥔 대한독립 만세

피었다 지는 계절꽃이
소녀를 능가하랴

뛰쳐나온 외침을 놀란 새들이 듣고
대한독립 만세의 꽃소식을
이내 물어 나르다

죽음을 모르고 덤비는
유관순의 꽃이
대한독립 만세로 피고
지지 않는다

벚꽃 아래서

벚꽃처럼 후두둑 내려앉는
봄비에 끌려가고

꿈속에서 본
총각을 잡으려 우산을 폈다

처음을 알 수 없는 감정은
비에 씻겨
앞이 보이지 않아

어깨에 닿는 낯선 남자의
부름이 서먹해

비가 없는 날
인연의 숲에서 툭,
프러포즈를 입에 물고

벚꽃 아래서
그윽한 사랑에 기댄다

흙의 집에서 떠나는 눈

하늘의 창조주를 찾고 있나요
모태의 탯줄이 그리운가요
휘둥그레 동공이 풀리는 날에
생生의 마침표에 이르렀나요
세상의 인연을 끊고자
눈물 한 모금도 모질게 흐를 수 없나요
빽빽한 날은 멈추고
남은 정거장이 없이
흙집은 스러지는군요
모래보다 많은 욕망은
무려 팔십 년의 집을 지었군요
쿵쾅대며 몰아치는 한숨이
팔딱대는 심장보다 강하고
슬금슬금
빠져나온
영혼이
눈[目]을 버리고
낙원으로
숨어드는군요

달동네

눈바람이 날쌘 사내처럼 달려들고
낮은 적막감이 등부터 바짝 끌어당겨 한 몸을 과시한다

하늘과 친숙하게 별이 그린 하얀 겨울밤

새마을금고에 잠자고 있는 일천만 원만큼
달동네는 쥐죽은 듯하다

하늘의 소자야

청춘의 낮은 잰걸음으로 오르고
젊음의 밤은 이유도 모른 체 오열한다

이상理想은 간데없고
현실은 태양처럼 타오른다

마르크스 공산주의의 느낌 없이
자본주의의 매너리즘으로

거리는 이데올로기의 전단지로
짓밟히고

꿈들은 애벌레가 되어
유충으로 남고

하늘의 소자小子는
어디서 찾을까

쑥떡과 목장우유를 내민
그 손 안에서

오후 여섯시에 지는 그리움

가족의 울타리로 돌아가는
재활 환자, 맞춤 오후 여섯시에 서둘러
그리움을 눈물 한 방울에 적시고

주고받은 말이 고작
형준아
어서 엄마에게 가야지

바짝 깎은 손톱 때문에
미간을 찌푸리던
환자의 고통은 그 손끝이 아닌
느닷없는 인생의 일그러짐

보호자는 카톡 영상으로
우리 아들 보고 싶어, 어쩌나
아빠와 엄마는
네 곁에 있어

뉘엿뉘엿 길게 숨은 저녁해
훌쩍 오후 여섯시를 지나치고
언제 으슥한 밤이 걸어왔나
적적한 침대 모퉁이에
걸터앉았다

출렁다리에서 사랑은

새들이 놀던 자리에 출렁이는 다리
한 사람 두 사람 삼삼오오

떠난 남편을 그리워 눈물짓고
나그네를 닮은 구름이 쉬어가는지

바람 한 점 없는 마장호수에
떠 있는 사랑의 물결

사람은 지나치고
사랑은 깍지를 끼고

앞에 걷는 사람의 걸음걸이는
출렁다리를 잇는 이음새

사람과 사랑은
출렁이는 다리로 매달린다

목숨이 나부끼다

이리 딩굴 저리 딩굴
값없이 부서지는 낙엽처럼

숨 고를 새도 없이 믿었던 세월
놀지 않고 미친듯이 돈을 세고

흠이 없어 보이는 타인들
어둠 속에서 벗어던진 욕심

손가락 사이로 빠져버린
우울과 비틀림

단풍진 산허리에 기댄
삶의 꽃 한 송이

불꽃처럼 타오르려나
흩어진 희망들

하루가 멀다 하고

머리를 감고 새벽을 털고 일어나
온종일 스케줄을 세어 본다

정오에 점심 약속은 꼭
필요하지 않지만 습관과 약속했다

주민센터에 가서 따로
재산세를 증명할 일이 없다

한 끼를 먹으려고 빵 한 쪽을
집어드는데

"빵이 아니면 죽음을 달라"

1789년 프랑스혁명의 구호가
딸기잼에 선연히 묻어 있다

서쪽으로 지는 노을이
한참을 붉게 망설이면서

3년 동안 만난 연인의 얼굴이
흔한 남자라고 말해준다

만남과 헤어짐은
하루보다 짧은 여정旅程이었다고

자정이 되기 전에 서둘러
내일의 짐을 챙기라고 재촉한다

사랑( ) 빠졌다

제3부

돌무덤을 열고

성전

　- 그리스도의 얼굴·13

내 몸은 성전이라고,
위암 4기로 순례자의 행보를 멈춘
주님의 종을 자처하는 여자가 말해 주었다. 그때까지
포스트모더니즘을 만지작거리던 나는 허걱 당황스럽고

교회의 머리를 예수님이라고,
바울 사도는 순수하게 귓속말로 전했지만 현실은 돈이
예수님보다 더 권위적이다

하늘나라가 이 땅 위에 내려앉을 거라고 믿는 선지자들,
다윗의 간음을 혼쭐낸 나단 선지자는 이상적인 정치를
무엇으로 정의했을까

베드로는 단호하게 예수님께 고백했다
주는 그리스도시요
살아계신 하나님의 아들이시니이다

나는 하나님의 딸
너는 하나님의 아들

살아 있는 경건은,
고아와 과부를 돌보는 오른손이 한 일을 왼손이 모르게
유튜브가 알 수 없는 선행으로
거룩함을 말이야

남자

- 그리스도의 얼굴·41

힐끗 남자의 얼굴인가 싶어서
빤히 쳐다본다

우물가의 여인을 품에 안고
나도 너를 정죄하지 않겠다고 하신다
삭개오의 집에도 머물겠다고 전하고

단 한 명이 천하보다 귀하다고
애통하는 대로 이루시는 능력에
그만 자아를 놓치고

목자의 손에 수표가 쥐어져 있지 않다
양들은 목청껏 울고
생명수를 외치며 울타리를 치고

거세당한 표정이 아니라
궁극적인 사랑의 눈으로 여인을 달랜다

하늘 문을 열어서
군중을 웃게 하고 회개케 하고
본향에서 자유케 하는

그는
남자인가
예수인가

구원의 노래
- 그리스도의 얼굴 40

하늘의 별을 올려다보며 내 마음속에 그린 세계
구원의 노래가 숲속과 산골짜기에 울려 퍼진다

땅과 바다에서 들리는 음성
위대한 왕의 손아귀에 잡힌 순한 양과 같다

독생자 하나님이
낮은 세상에 임하시고

격노하던 때와 같이 십자가에 피 흘려 죽으시고
내 모든 죄를 대속하셨다

산에 오르나 안식하지 못하는 자는
천국을 꿈도 꾸지 못하고

밭에 있어도 강퍅하지 않는 자는
겸손히 엎드리고

창조주의 높고 위대함을 내 영혼이 찬양하고
썩지 않는 은혜의 왕좌로 담대히 나아간다

믿음으로
소망으로
사랑으로

믿음으로
소망으로

완성

- 그리스도의 얼굴·12

가서,
하나님의 진노가 담긴 일곱 대접을 땅에 쏟아라

짐승의 표를 받은 자들
짐승 우상에게 절하는 자들
검은 악마가 곰팡이로 피고

하늘에서 대접을 바다에 쏟아
바닷물이 죽은 사람의 피처럼 변하고

물에 사는 천사가
정의로운 전능자에게 찬양하고

어제도
오늘도
내일도

거룩하시다
의로우시다
예언자들의 피

불같은 태양은 사람을 태우고
짐승의 나라가 어두워지고
혀를 깨무는 지옥으로

유프라테스의 강이 말라, 왕의 길이 되고
히브리 말로 아마겟돈의 왕들이
보좌의 큰 음성에 갇히고

하나님의 독한 포도주가 바빌론에 퍼붓고
땅의 음녀들과 가증한 것들의 어미는
멸망의 섬에서 자취를 감춘다

It is done.

다섯 달란트의 비유
- 그리스도의 얼굴·14

한 해, 두 해
꿈쩍도 않고 예술가들이 사라진다
천국과 지옥
제비 뽑힌 마지막 한 길,

요양병원에서
눈감는 환자들은
외할머니를 보낼 때만큼 서늘하지 않다

다섯 달란트의 비유
한 달란트 받은 것을 땅 속에 숨긴 사람들,
한 주먹에 쥔 오해와 착각의 무덤

사람은 무엇으로 사는가
톨스토이의 질문 앞에서
단 하루도 글썽이지 않은 적이 없다

그리스도는
우편 강도인 바라바에게
낙원을 허락하셨다
달란트 없이,

이 세상에서
오직 믿음으로
날개를 치고 올라간다

편견의 문
- 그리스도의 얼굴·20

문 밖에 서서 두드리는 이가 누구인가
하늘의 음성은 주파수에 잡히지 않아
편견의 문을 열어봐

로고스와 더불어 먹고
로고스와 뒹군다

부자는 부족한 것이 없다
부자는 벌거벗은 것을 모른다

부자를 토해내는 그는
창조 때부터 로고스이며
하늘 위로 눈을 뜨라고 책망한다

보좌 앞에 수정과 같은 유리바다를
헤엄쳐 갔을까

번개와 음성과 우렛소리와 함께
등불 일곱은 하나님의 영

과거도 거룩하다
현재도 거룩하다

장차 세상의 문을 산산조각내고
오실 예수여

Passover

황무지와 광야에서 만나고
눈동자같이 날개를 펴서
자기의 새끼를 받아 엎는 것같이

모세를 인도하고
밭의 소산을 먹게 하고
포도주의 붉은 술을 마시고

하나님은 스스로 존재하고
죽이기도 하고 살리기도 하고
상하게도, 낫게도 하고

그 손으로 번쩍이는 칼을 갈며
정의를 붙들고 원수에게 복수하고
미워하는 자들을 심판하고

민족과 백성이 즐거워하고
주主는 종들의 피를 갚으며
그 땅과 사람들을 위하여
atonement for ldols

*passover : 유월절(이집트 탈출을 기념하는 유대인의 축제)
*atonement for Idols ; 우상에 대한 속죄

관계의 열쇠

엉덩이로 문지른대서 완전한 관계는 아니야
어설프게 깔깔대도 마찬가지야
흥분해서 셀폰 번호를 따도 의미 없어

다윗의 열쇠는
아직도 풀리지 않은 탓일까
인생의 비밀이 무덤에 없다는 것은 이미 다 알고 있어

교만한 얼굴로 며칠을 숨을 수 있을까
겸손한 웃음이 최후의 승리자요

관계의 기적은
발을 씻어주는 거야
이천 년 전의 그 십자가를 지고 간 사내처럼

우연을 구기지 않고
찰나의 인연에 손내밀고
낙타의 등에 올라 외쳐 보자

원수는 비켜라
전능자의 구원이 나가신다

돌무덤을 열고

돌무덤을 제치고 평안하냐고
묻는 딱 한 번의 질문에
사死의 비밀이 있고
하늘은 알고 있네
지평선에 접힌 생명의 기적을

죄를 등에 진 자子
수심은 바다 같고 고통은 대못처럼
가시면류관은 성전이 되고
차마 하나님의 아들이라고
말하지 못하는 겁쟁이들

찢긴 살갗과 피로 얼룩진 십자가
처형된 유대인의 왕이
옥상을 거닌다
정오의 태양보다 붉고 날렵하게
생기生氣로 덮치네

8개월의 미완未完

욥기 8장 7절의 시작점, 창조의 시간에
욥기 8장 7절의 미래는, 창대하다

낮과 밤이 없는 도성에 갇힌 감래甘來
남과 녀의 얼음장 같은 침묵
결핵성늑막염으로 누운 병색

하늘에서 정한 약속
고목보다 깊은 숙명

일천 번제에 뒤지지 않는 중력
무지개와 구원을 잇는 다리

기찻길에서
팔 개월의 숨을 잇고
지상에서 날아오른다

귀빠진 날에 포옹

어미의 젖을 물고
세상과 포옹한 아담아

에덴의 동쪽에 증오가 끓어오르고
선악과와 생명나무 사이에서
우울한 아담아

실존의 질문에 답해 줄
나뭇잎에 코를 숨기고 빤히
마주친 아담아

어디서 나서
어디로 가는지
어미는 알고 있다

동정녀 마리아와 어미의 애증이
로고스(말씀)와 육신으로
벌거벗을 때

강보에 싼 아담아
세상을 정복하라

강보에 싼 아담아
세상을 정복하라

꺼지지 않는 목소리

세상에서 가장 큰 책을 너에게 주노라
사도행전 3장 6절의 말씀이 살아 움직이고
바이블이 하늘에서 떨어지고
결핵성 늑막염은 온데간데없이
깃털보다 가벼운 존재의 의미
불과 다섯 시간 만에 빛이 덮치고
오대양 육대주를 돌아
운명의 궤도를 여행하고
귀를 접어도 쏟아지는 하나님의 음성
하늘과 달과 별의 임자를 보고
위대한 임재의 소용돌이에 빠져든다

22세의 청춘은 세월이 두렵지 않아
남은 인생이 시퍼렇게 버티고
마지막 장면을 찍기 위해서
굳은 발뒤꿈치를 도려내며
죽음과 싸울 일만 남았다

왼손이 오른팔에게

뒤틀며 저며 오는
얼굴 없는 고독

손님처럼 걸터앉은 불안
목줄기로 따끔한 진통이
오른팔에게 손을 들어 보라고

왼손은 설레설레
몸을 나누이고자 뻣뻣이

하늘은 하나
구름은 열十
이마도 하나
손가락도 열十

두개의 팔 가운데
오른팔이 아플 때
뗄 수 없는 정情은
불현듯
왼손으로 오른팔이 되어준다

바울처럼

사울이란 한 남자가 있습니다

세상에서 하나님을 가장 잘 따르곤 했습니다
스데반을 돌로 쳐죽이고
다메섹 도상에서 예수를 만났습니다

사울아
사울아

왜 나를 핍박하느냐
생명의 빛에 눈이 먼 사울은 바울로 변했습니다

하루아침에 이뤄지지 않은 로마를
온통 예수의 이름으로 새 길을 냈습니다

바울은 날마다 죽노라 노래했습니다
살아도
죽어도
천국 가는 그날까지

하나님의 나라는

나와 너의 만남

말로 소통하는 순종

손과 손의 인사

행동하는 자존심

이웃을 내 몸같이

사랑( ) 빠졌다

제4부

매화의 늦봄

목련이 떨어지면

삼십 세의 목련이 으스러지고
오십의 꽃잎이 고개조차 못 들고

거리를 하얗게 수놓은 목련꽃
봄의 왈츠를 추고

시간이 기울어질 때
자취를 감추는 향기는

고스란히 접은 손수건에 묻었네
목련이 흩어지면

개나리와 진달래는
사랑을 모르는지

이내
사람들 사이를 비집고
제 길을 재촉한다

매화의 늦봄

설중매려니, 가깝게 다가섰다
홍매화라고 인사하네

잎도 나오기 전에
서두르는 매화의 고결함은
꽃의 우두머리를 자처하네

분재 받은 매화를 아파트 베란다에서
하룻밤 재웠더니
풀죽은 매화의 하품 소리 들리고

화려한 날에 들이닥친
벚꽃에 지지 않고 인내에 길들여진
매화의 향기는
늦봄을 떨쳐 피운다

비와 조치원

창가에 기대지 못하는 빗물
정기권을 쥐고 앉지 못하는 통근길
출발에서 끝까지
줄로 잰 시간에 조치원역
잔뜩 짓눌리는 위로
낯선 전등빛
도착까지 눈 감아도 따라오는
세어지지 않는 한숨
이 역까지
잘게 부숴놓은 인생에
대꾸할 말을 기억한다

비,
조치원에서 기다릴까

모과차

숙자네 아이들은 입고프다
두 아들을 업고 산길을 오르고

시집올 때 아이들과 같던 모과나무
한 해 두 해 매달리는 열매

시집살이 40년 시어머니 밥상
남편의 잔소리 모과나무에 걸리고

손가락 마디가 휘어지며 뼈가 어그러졌어도
김장김치 거른 적이 없던 숙자네

그녀가 해마다 담근 모과차
올해는 션찮게 시틋하다

* 입고프다 : 자유롭고 숨김없이 말을 하고 싶다.
* 시틋하다 : (사람이) 마음이 내키지 않고 언짢아서 매우 시무룩하거나 토라져
  있다.

걸어가는 가을

지나가는 낙엽에 흠칫 놀라
멈춰선 말벌에도 숨죽이고

연시가 걸린 하늘 감나무
뚝
뚝
쓸쓸하다

애써 찾아온 가을이 문을
두드리고
으슥한 밤과 걷는다

가을과 함께 길어지는 노을이
내가 입은 바바리 끝자락에
깃들고

10월의 남자는
동행을 청請한다

너를 등지고

헤르만 헤세의 소설을 읽은 시절이
아마
초경을 시작한 때이다

데미안, 수레바퀴 아래서,
물속에 수초 같은 자아自我는
왜 독일인 소설가를
내 것인 양 붙들고 늘어졌을까

오늘밤도 헤세는 꿈에서조차
다녀가지 않았다

나는 어떤 색이야
검은 색도 싫다
흰색도 절레절레

일만 개의 마음이 자꾸 펄럭이고
새로운 나에게로
우회전한다

겨울 갈대

누가 갈대를 흔들린다고 말했지

저녁 어스름에 눈꽃송이 같은
너와 나의 갈대숲

처음 세상이 시작될 때
갈대는 바람에 몸을 맡기고

인생의 무게가 몸에 부딪쳐
달이 없는 밤을 홀로 견디고

저녁빛이 반짝이는 교회의 십자가
갈대는 고진감래와 같지

은빛 가루가 꽁꽁 얼어붙은 길 위에서
하늘 끝까지 자태를 뽐내는 갈대

보문산 연가

잠깐만요

그대라서 말을 놓았습니다
붙잡지 않아도 실망치 않겠습니다

보리밥과 된장국이 좋았습니다
파전까지 곁들일 줄이야

밤이 새는지 모른 3년 동안
미운 정이 들었습니다

소복하게 쌓인 추억이 마를 때까지
은반지도 그을려 가고 있습니다

가끔씩
사랑은 이렇게 노래합니다
불같은 사랑이 그래도 아름답습니다

일부일처 긴점박이 올빼미

백년이 이른 숲에서 드러나는 자태
사과 반쪽을 닮은 얼굴의 데칼코마니

오대산을 샅샅이 채색하고
신갈나무에 둥지를 틀은
긴점박이 올빼미 한 쌍,

이르지 못하는 江에선
헤어지는 별곡別曲

일부일처로 사는 긴점박이 올빼미의
山은 세상처럼 낮다

남과 여는 바스락바스락 부서지고
멸종해 가는 긴점박이 올빼미의
날개에 숨은 고목의 나이테

한 달여 품은 새끼들을
달[月]까지 보내고

지제역에 뜬 저녁해

분명히,
아침인데 해는 저녁처럼 유유자적해
빙그레 웃고 섰는 너는
몇 억 광년 살고 있니

행성끼리 돌고 도는 것도 모자란가
사람과 나무 사이로 거닐고
좁은 어깨와 너른 등 뒤에서
떠오르는 너는

해를 멈췄던
히스기야와 무슨 말을 나눈 거야

우르르 발이 섰는 지제역에서
키다리 아저씨처럼
두 팔 벌린 아침해는
저녁처럼, 느긋하고 따뜻해

7일이 준 잣대

구석구석 뒤져서 마음을 줍는다
웅크린 생각이 편견에 옭매여
꼼짝도 않는다

시간은 순리대로 길을 따르고
관념은 저울에 달아도 움직일 줄 모르고
사랑은 끝없이 찰삭대고

바람이 앉은 그 자리
들녘은 노을을 잴까
남자는 여자의 꿈일까

7일 내 팔을 뻗쳐
행복을 재고 달았더니
닮은, 너와 나뿐이라

참새들의 봄

세상을 뜨는 줄만 알았다

목련 먹은 새들의 합주곡
마른 가지도 아랑곳없이
노래하는 참새들

귀머거리도
들린다나봐
기뻐, 기뻐, 기뻐

소생하는 나뭇가지 위에
새들이 주고 간
한 잎의 소식

하늘과 땅을 이어준
생명의 기쁨으로
머리위의 참새들

고향을 잊는다

천사들

신랑을 기다리는 천사들의 날개가
돌에 짓이겨지고

목숨이 하나님보다 가벼워
깃털에 우습고

목자의 음성은 날벼락과 흡사
백년에 오는 참외만 한 우박이다

하나님이 없다는 마르크스 숭배자들
교회의 첨탑에서 머리칼을 풀어헤치고

들리지 않는 천사의 빛에
몽둥이보다 깊은 멍으로 눈이 멀고

교회의 전봇대에 펄럭이는
태극기로 예수의 피를 일컬어

지성소는
엘리야의 불이 지펴지다

허리 섞인 하루

뒤섞여도 정답은 있다
빗방울을 닮지 않은 인생아

오롯이 떠다니는 감정은
물에 씻긴다

아프지 않은 미래를
시간까지 기대고
좁은 문으로

하루 종일 흐느적대는
혼魂의 위기

한 줄기 빛에 나뒹굴고
소리 없는 의문을 밟고

허리 섞인 하루가
새 날을 노크하고
아침에 이른다

사랑( ) 빠졌다

존재의 **탐구**와 **사랑**을 통한 **구원**의 추구

신용협

존재의 탐구와 사랑을 통한 구원의 추구

신용협

존재의 탐구와 사랑을 통한 구원의 추구

신용협_ 충남대 명예교수 시인

1. 들어가는 말

이수아 시인은 《대전문학》 83(2019. 봄호)으로 등단했다. 첫 시집 『다시, 신랑이 온다』(2019. 6. 26)를 출간하고 다시 제2시집 『흰색 여우야, 어디로 가니』(2020.12.18)를 출간한 뒤 제3시집 『사랑( ) 빠졌다』의 원고 뭉치를 들고 나를 만났다. 생면부지의 여류시인에게서 전화를 받았지만 오래 전부터 시 동인으로 함께 시를 쓴 도한호 시인의 소개로 만나서 시집 해설의 청탁을 받았다. 나이에 비해 등단은 늦은 편이었지만 등단과 함께 시집을 내고 4년 만에 3권의 시집이 나온다면 우리나라에서 가장 빠른 시인이 되겠구나 하면서 자못 놀랐다. 계룡문고 안에 있는 커피숍에서 만났을 때 얼핏 작품을 보니 시를 매우 잘 쓴다고 느껴 학교와 직업을 물었다. 내가 만난 시인은 은광여자고등학교를 거쳐 서울예술대학 문예창작과를 졸업하였으며 간호조무사의 직업을 가졌던 목사라고 말하였다. 문학을 정통으로 공부한 시인이라는 사실을 알았다.

시를 해설 또는 평설하는 데는 시인에 관해서 직접 내세우지 않는 경우가 있다. 분석비평 또는 형식주의 비평이다. 시집의 독자를 생각해서 해설할 때는 때로는 작가를 내세워가면서 해설하는 편이 좋을 것 같다. 이수아 시인은 문학적 기초가

확고한 매우 탁월한 시인이다. 그럴수록 낮은 자세로 높은 꿈을 지향해야 하기 때문에 주마가편으로 칭찬만으로 일관하는 해설은 하지 않을 것이다.

좋은 시는 시정신詩精神, poésie가 풍만한 시를 말한다.(졸저 『현대 한국시의 시정신 연구』 고려대학교 대학원 1989 참고) 포에지는 시정신이라고 쓰지만 시정신보다는 시혼詩魂이 적당할 듯하다. 김소월은 1925년에 《개벽》 59호에 「시혼」을 발표했다. 시정신이라고 쓸 때 '시 정신'이라고 띄어 쓰면 안 된다. 띄어 쓰면 두 단어가 되기 때문이다. 신선규는 그의 『현대시론』(1958)에서 "포에지는 하나의 기운입니다. 우리의 혼을 압도시키고 우리의 정신을 전도시키는 세력입니다"라고 하여 혼이라고 표현하였다. 따라서 좋은 시는 혼으로 쓴 시라고 할 수 있다.

정과리가 「시정신의 현장들에 시정신은 있는가?」(《한국시인》 2022 vol. 03)에서 인용한(김봉구 저 『보들레르』 p.180) 시정신을 재인용한다.

진정한 시인들의 특질은 (…) 저 자신에서 벗어나서 저와는 전혀 다른 성격을 이해할 수 있다는 점입니다.

시정신을 이해하는 정치 공학, 대결의 정신 속에만 남아 있다고 쓰고 있다. 오늘 우리가 이수아의 작품을 읽고 감상하고 평가하는데 나는 그 평가 기준을 시정신에 두고자 한다. 그리고 시정신의 표현 방식을 대결의 정신이라고 하고 이수아의 작품을 열어보기로 한다.

2. 이수아의 문학 세계

현대 한국시가 난해하다는 이야기는 어제 오늘의 이야기가
아니다. 한국 시사에서 난해시가 등장한 것은 상징시를 거쳐
모더니즘에 이르러 시작된 듯하다. 특히 쉬르레알리즘 계열의
시를 쓴 이상李湘의 시는 난해시의 대표로 꼽히고 있다. 난해
시를 이해하기 위해서는 약간의 준비가 필요하다. 시는 본래
그 표현 방식이 은유나 상징 또는 알레고리를 표현 방식으로
하여 이미지를 나타낸다. 보행에는 목적지가 있지만 무용에는
목적지가 없듯이 현대시도 그냥 보여줄 뿐 설명하지 않는다.
이수아 시인이 그냥 보여주면 나는 그것에 내 나름의 설명을
붙여볼 생각이다. 그런데 내 생각이 췌언이 될까 걱정이다.

시인은 왜 설명하지 않고 표현할까, 인간은 설명하는 것보
다 표현하는 것을 더 좋아한다. 시어머니의 잔소리(설명)를 좋
아하는 며느리를 보았는가? 좋은 시는 '쉽고도 어려운 시'라고
나는 말한 일이 있다. 그것이 나의 시론이다. 예를 들면 김소월
의 「산유화」나 윤동주의 「서시」가 좋은 시다. 이수아의 시에서
'쉽고도 어려운 시'를 찾아보자. '쉽고도 어려운 시'는 쉽게 이
해되지만 그 의미가 깊고 도달하기가 어려운 시이다. 시를 독
일어로는 응축(Dichtung)이라고 한다. 응축 또는 함축이 시이
다. 나의 해설은 시에 함축된 의미를 끌어내는 역할이다. 함축
의 방법은 은유, 상징, 이미지, 낯설게 하기, 역설(Paradox), 아
이러니(Irony), 애매성(Ambiguity) 등이 있다. 특히 랜섬의 '형이
상시形而上詩' 또는 I. A 리처즈의 '포괄의 시'에는 대결의 정신

이 내포되어 있어 충돌한다. 대결(충돌)하는 양자의 거리가 너무 멀면 끊어지고 너무 가까우면 시정신이 죽어버린다.

　　뿌리 깊은 나무에 대해서 들었다//꽃나무에 새가 앉는다/전봇대 꼭대기에 앉아선 지저귀지 않는다/꽃나무는 세월에 지지 않는다//갑자기 오백 년 된 소나무가/번개에 맞아서 부러졌다//새는 꽃잎이 져도/꽃나무를 찾아든다/구름에 기웃거리지 않는/새는 꽃나무에서 머물고//새와 꽃나무는/하나님의 손짓을 따른다//변하지 않는/태초에로 회귀한다

- 「새와 꽃나무」 전문

　이 시는 쉬운 말이면서 시인은 무슨 말을 하고 있는지 아니 무슨 말을 하고 싶은지 감이 잡히지 않는다. 이래서 현대시는 접근이 어렵다. 단어만 보면 사전까지 찾아야 할 말은 하나도 없는데 상식적으로는 잘 통하지 않는다. 시는 상식을 넘어서는 곳에 존재한다. 그러나 여기서 읽기를 포기하면 현대인이 될 수 없다.

　시는 언어예술이다. 시는 언어로 창작된 보석이라고 했으니 보석을 손바닥 안에 놓고 더 가까이 들여다보자. 여기에서 포기하면 보석의 가치를 영영 놓치고 말게 된다.

　나는 "하나님의 손짓을 따른다"를 통해서 기독교를 생각해냈다. "뿌리 깊은 나무에 대해서 들었다"고 하니 기독교의 역사를 생각하게 되었다. "태초에로 회귀한다"면 성경의 창세기를 말하고자 하는 것이 아닐까?

　시는 압축된 언어라 하겠다. 시는 상상력(imagination)이라고

97

도 했으니 창세기부터 읽으면서 다시 시를 천천히 읽으니 무슨 말인지 확실히 잡히지는 않아도 알쏭달쏭한 대로 가슴에 느껴지는 것을 알겠다. 여기서부터는 독자의 상상에 맡기는 것이 옳겠다. 시의 해석이 정답이 있는 건 아니지만 수학처럼 하나의 정답을 가지는 시는 좋은 시가 아니기 때문이다. 그리고 시를 완전무결하게 해석한다 해도 더 좋은 해석을 기다릴 수밖에 없는 것이 시의 해석이다. 또한 시의 재미는 알쏭달쏭한 데 있다고나 할까? 해설자가 독자를 자기 멋대로 안내하면 식상할 수도 있고 시의 본질 또는 근본에도 맞지 않는다. 다음 작품을 살펴보자.

욥기 8장7절의 시작점, 창조의 시간에/욥기 8장7절의 미래는, 창대하다//낮과 밤이 없는 도성에 갇힌 감래甘來/남과 녀의 얼음장 같은 침묵/결핵성늑막염으로 누운 병색//하늘에서 정한 약속/고목보다 깊은 숙명//일천 번제에 뒤지지 않는 중력/무지개와 구원을 잇는 다리//기찻길에서/팔 개월의 숨을 잇고/지상에서 날아오른다

- 「8개월의 미완未完」 전문

이 시에서는 "결핵성 늑막염"이라는 병명이 먼저 눈에 들어와서 시인에게 물어 보았더니 8개월간 본인이 앓았던 일이 있어 그 체험을 시로 형상화하였다고 한다. 이 작품은 '완성과 미완성'이라는 주제를 놓고 씨름한 흔적이 보인다.

다시 성경을 읽어보자. 구약 욥기 8장7절은 "네 시작은 미약하였으나 네 나중은 심히 창대하리라"라는 말씀이 있다. 이

수아 시인(목사)의 믿음(신앙심)은 누구보다도 강했을 터이니 끝내 병을 물리칠 수 있었을 것이다. 고진감래苦盡甘來를 맞이하기 위해서는 "얼음장 같은 침묵"은 물론이요, "일천번제"의 심정이 받쳐주고 성경의 "약속"이 "숙명"으로 다가와 "무지개"처럼 "구원"이 이루어져 "지상에서 날아오"르게 된 것이다.

참다운 신앙을 덴마크의 철학자 키에르케고르는 아브라함의 번제燔祭에서 찾았다. 번제는 구약시대에 하나님께 올리던 제사의 한 가지다. 짐승을 통째로 구워 제물로 바치는 것으로 매일 아침저녁과 안식일 또 매달 초하루와 무교절 속죄제에 지내는 제사를 번제라고 한다. 아브라함은 사흘 길을 걸어서 모리아산에서 번제를 올리려고 마차에 장작을 싣고 아들 이삭을 태워 하나님께 드리려 하자 급히 하나님은 아들 이삭에게 손을 대지 못하게 하신다. '네 아이를 내려 놓으라 이 근처 수풀에 양이 있으니 그것을 잡아 제물로 하라' 하였다. 그래서 키에르케고르는 아브라함을 진정한 신앙인이라고 하는 것이다. 그래서 나도 이수아 시인이 진정한 신앙심을 가진 목사요, 시인이라고 말하고 싶다.

창가에 기대지 못하는 빗물/정기권을 쥐고 앉지 못하는 통근길/출발에서 끝까지/줄로 잰 시간에 조치원역/잔뜩 짓눌리는 위로/낯선 전등빛/도착까지 눈 감아도 따라오는/세어지지 않는 한숨/이 역까지/잘게 부숴놓은 인생에/대꾸할 말을 기억한다//비,/조치원에서 기다릴까

-「비와 조치원」 전문

이 작품은 통근하는 무궁화호 안에서 비오는 날 차창 밖을 하염없이 내다보면서 조치원역을 내려 보지 못한 아쉬움을 쓴 서정시이다. 통근하는 열차에서 한 번쯤 내려 보고 싶은 역이 조치원역인데 그냥 통과한다. 통근하다 보면 문득 일어나는 호기심 말이다. 호기심이 발동하면 시가 쓰고 싶어진다. 조치원역에 내리면 누군가가 나를 기다릴 것만 같다. 낭만적인 발상이다. 호기심은 상상력을 자극하고 상상력은 시 창작의 욕구를 자극하다. "창가에 기대지 못한 빗물", 시 쓰기의 기초는 '설명'과 '표현'의 구분에 있다. '나는 서럽다'라고 하면 설명이지만 "저 달이 이제금 설움인 줄을 예전엔 미처 몰랐어요"(김소월의 「예전엔 미처 몰랐어요」) 하면 '표현'이 된다. 창밖의 빗물은 유리창을 스치고는 거기 머물지 못하고 흘러내린다. 쓸쓸하다. 내 마음도 저 빗물처럼 흘러내린다고 했다. 이처럼 내 마음을 "창가에 기대지 못하는 빗물"로 표현하듯, 비유로 나타내는 것을 표현이라고 한다. 시인들은 설명하지 않고 표현한다. 오늘날 현대시는 비유에 능숙하다. 이수아 시인은 비유에 능숙한 시인이다. 이런 시를 랜섬(Ransom)은 형이상시(Metaphysical poetry)라고 하여 관념시와 물질시를 비판하였으니 이수아 시인은 형이상 시인이다.

머리를 감고 새벽을 털고 일어나/온종일 스케줄을 세어본다//정오에 점심 약속은 꼭/필요하지 않지만 습관과 약속했다//주민센터에 가서 따로/재산세를 증명할 일이 없다//한 끼를 먹으려고 빵 한쪽을/집어드는데//"빵이 아니면 죽음을 달라"//1789년 프랑스혁명의 구호가/딸기잼에 선연히 묻어 있다//서쪽으로 지는

노을이/한참을 붉게 망설이면서//3년 동안 만난 연인의 얼굴이/
흔한 남자라고 말해준다//만남과 헤어짐은/하루보다 짧은 여정
이었다고//자정이 되기 전에 서둘러/내일의 짐을 챙기라고 재촉
한다

- 「하루가 멀다 하고」 전문

이 시에서 나타내고자 한 시인의 의도는 연인과 헤어진 후의
아픔 즉 미련이라고 한다. 사람은 누구나 만남과 헤어짐을 경
험하는데 만남은 즐겁고 희망이 있지만 헤어짐은 슬프고 절망
적인 느낌이 든다. 특히 결혼의 만남과 이혼의 이별은 인생에
있어서 성공과 실패라는 것까지 연결되어 있다. 사람이 산다
는 것은 어쩌면 만남과 헤어짐의 연속이 아닐까? 인생은 태어
나는 순간부터 만남이 시작된다. 부모를 만나고 경우에 따라
서는 할아버지 할머니도 만나고 다른 가족과 친척과 이웃과
동무와 인류도 만난다. 만남이 있는 곳에는 반드시 죽음과 이
별이라는 체험도 따르게 된다.

만남과 헤어짐은 시의 중요한 모티브가 된다. 만남과 헤어
짐은 인생에서 필연적으로 발생하는 숙명인지도 모른다. 앞의
시에서는 시인은 비오는 날 대전에서 평택역으로 달리는 무궁
화호를 타고 조치원을 통과할 때 역사驛舍의 낯선 전등 불빛
이 눈을 감고 앉아 있는 데도 따라오고 한숨마저 흘러나온다.
이별의 강한 충격 때문일 것이다. 이 시는 모두 10연으로 짜여
있다. 이 작품의 시적 자아는 이혼이라는 체험을 통하여 느끼
는 아픔을 견디며 체념에 이른 심정을 토로하고 있다. 이혼의
절규를 프랑스 혁명 때 '빵이 아니면 죽음을 달라'는 군중의

외침으로 대신하고 있다. 지금의 심정은 담담한 체념의 심정으로 회고한다. 9연의 말이 그것이다. 제9연이 있기 때문에 시로서의 충분한, 그리고 훌륭한 가치에 도달한 것이다. 시는 혼으로 쓴다. 시정신詩精神이 강한 시일수록 좋은 시로 평가된다. 시정신 즉 포에지(poésie)에는 정신(esprit)이 꽉 차 있다. 시정신은 체험에서 나온다. 시정신은 살아 있는 정신이요, 정몽주나 성삼문의 충절과도 통하고 조선 시대의 선비정신과도 통한다. 체험적 표현이 아닐 때는 거짓이요 가짜 시다. 시정신이 충만한 시일수록 훌륭한 시이다. 시에 시정신의 유무는 생화와 가화로 비교될 수 있다. 독일의 니체는 『짜라투스트라는 이렇게 말했다』라는 시집에서 "나는 피로 쓰인 글만을 사랑하노라"고 하였다. 피로 쓰인 글은 체험을 통한 글이며 시정신이 충만한 시이다. 다음 시를 읽어보자.

　① 안방 창문으로 불쑥 얼굴을 들이밀고
　　이 방 저 방으로 기웃기웃

- 「구름이 찾아온 날」 첫째 연

　② 내 몸 속에서 꽃이 자란다
　　봉오리가 열릴 때 추억이 달린다

- 「옥잠화」 첫째 연

　③ 죽음의 색으로 물드는 그리움
　　사막에서 만나길 기다릴게

- 「죽음 같은 그리움」 제7연

④ 청춘의 낮은 잰걸음으로 오르고
　젊음의 밤은 이유도 모른 체 오열한다

-「하늘의 小子야」 첫째 연

⑤ 헤르만 헤세의 소설을 읽은 시절이
　아마
　초경을 시작한 때이다

-「너를 등지고」 첫째 연

⑥ 하늘의 별을 올려다보며 내 마음속에 그린 세계
　구원의 노래가 숲속과 산골짜기에 울려 퍼진다

-「구원의 노래」 첫째 연

　위 여섯 작품은 간단히 작품 의도만 말해보겠다. 일종의 의도비평意圖批評이다. 그런데 일찍이 분석비평가들은 의도비평을 경계해왔다. 비평가의 의도비평은 실제 작품의 의도와 다를 수 있다는 견해다. 의도의 오류를 들고 나온 사람은 비어즐리와 윔제트이다. 분석비평에서는 작가의 의도를 무시한다. 오직 작품 그 자체만 문제 삼는다. 작품의 해석과 평가를 오직 작품 그 자체로 한정한다. 따라서 내 말은 참고일 뿐 평가는 오로지 독자의 몫이다. 이것이 분석비평 또는 형식주의 비평이다.

　① 「구름이 찾아온 날」의 구름은 남자를 의인화하였다. 시적 화자, 즉 페르소나(persona)는 연극에서라면 배우 역이다. 시인이 남자는 마치 구름처럼 믿음을 주지 못하고 아무 때나

103

불쑥 나타났다가 사라지는 불신의 존재를 의인화했다. ② 「옥잠화」는 '버려진'이나 '깨어진' 화분에서 느끼는 외로움이 주제요, 이 시의 의도로 생각된다. ③ 「죽음 같은 그리움」의 의도는 그리움이다. 제목에서도 그리움, 1연에도 그리움이라 했다. ④ 「하늘의 小子」의 의도는 정금 같은 사랑이다. ⑤ 「너를 등지고」의 의도는 애국심이다. ⑥ 창조주의 높고 위대함을 찬양한 것으로 하나님의 은혜를 알았기 때문에 찬양하는 시를 썼다. 그리고 '그리스도의 얼굴'이라는 부제를 단 연작시 각 작품의 키 워드(key word)는 완성, 거룩함이다.

구석구석 뒤져서 마음을 줍는다/웅크린 생각이 편견에 읽매여/꼼짝도 않는다//시간은 순리대로 길을 따르고/관념은 저울에 달아도 움직일 줄 모르고/사랑은 끝없이 찰삭대고//바람이 앉은 그 자리/들녘은 노을을 잴까/남자는 여자의 꿈일까//7일 내 팔을 뻗쳐/행복을 재고 달았더니/닮은, 너와 나뿐이라
- 「7일이 준 잣대」 전문

이 작품에서 시인이 말하고자 하는 의도가 무엇인가를 물었다. 목사인 시인의 대답은 '고정관념으로 잣대질하지 말라'는 것이라고 말한다. 제목의 "7일"은 구약 창세기의 7일간의 천지 만물의 창조를 말한다. 하나님이 우주 만물을 창조하셨다는 창조설이다. 독실한 기독교인은 창조설을 믿는다. 이수아 시인은 창조설을 절대적으로 신봉하는 목사이다. 다윈의 진화론 이후 많은 사람들은 구약 창세기를 신화로만 알고 있으며 기독교인조차도 믿지 않으려는 사람이 있는 것 같다. 과

학계에서는 아인슈타인의 상대성 이론과 우주 천체 물리학의 태두 스티브 호킹 박사의 빅뱅설이 정설로 자리 잡고 있다.

　그러나 이 작품은 "7일의 잣대"를 절대적으로 신봉하며 다른 관념은 잣대나 기준이 될 수 없다고 부정한다. 나는 시인에게 의도를 물어보면서 글을 쓰고 있다. 주로 작가의 의도를 반영하는 이런 글쓰기는 역사주의 비평이며 역사주의 비평은 19세기 프랑스의 비평가인 셍뜨 뵈브와 이뽈릿 테느가 선구자이다. 20세기에는 이미 세상을 떠난 작가의 경우, 그 의도라는 것은 평자의 추측일 뿐 작가의 의도일 수는 없다고 하여 역사주의를 비판, 의도意圖의 오류誤謬를 이론적으로 주장한 윔제트와 비어즐리를 비롯하여 웰렉과 워렌의 형식주의 비평이 주류를 이루어왔다. 나는 위의 역사주의와 형식주의를 종합하는 방법을 취하고 있는 셈이다. "7일 내 팔을 뻗쳐"는 '성경의 잣대로' 행복을 재고 저울질했더니 닮은 것은 너(성경)와 나(이수아)뿐이구나로 읽어진다.

　지옥과 같다/빛을 빼앗겨 죽으면 어떡하나/내 고향 별나라로 귀환해야 하니까//바이블은 예수의 피를 쥐어짜고/대형 문고는 베스트셀러를 장식하고/자영업자는 역사의 뒤안길로 사라지고// 해가 없는 지하에는/외계인들이 우글대고/눈에 돈을 붙이고 손짓한다//나는 안드로메다에서 온 숫처녀다/남자는 하염없이 친절해/희생은 보이지 않고 엔조이 만땅//먹고 입고 먹고 입고/떡으로만 살 것이 아니다//낙원에 있는 영혼들/지하를 꺼려하는 눈치다//어서 날개를 찾아줘/지옥문이 닫히기 전에
―「지하상가를 구경한 안드로메다 양」 전문

시적 자아인 나는 '별나라에서 온 숫처녀다' 별나라 손님인 안드로메다 양이 보기에 여기 지구는 '지옥과 같다' '별나라'가 천국이라면 '지하상가'는 지옥이다. 안드로메다 성좌는 은하계와 같이 먼 별자리로 그리스 신화에도 나오는 별이다. 바다의 괴물에 희생되어 바위 절벽에 매달린 것을 페르세우스가 괴물을 죽이고 안드로메다 양을 구하여 아내로 삼았다고 한다.

지하상가는 지옥 같다니 어떤 곳인가 우선 빛을 빼앗겨 암흑천지다. "외계인이 우글대고" "눈에 돈을 붙이고 손짓"하는 곳 즉 돈으로 유혹하는 곳이다. "남자는 하염없이 친절하"나 "희생은 없고 엔조이만" 원하면서 "먹고 입고"를 반복, 동물적 생활을 벗어나지 못하는 건달이다. "지옥의 문"을 탈출하려 하나 날개가 없다.

이 작품은 현실 비판이라는 비판 정신의 시정신이 충만한 시다. 시는 비판 정신이 있어야 좋은 시다. 이육사나 윤동주 또는 이상화의 시를 높이 평가하는 것은 비판 정신이라는 시정신이 높기 때문이다. 세 시인 중에 특히 윤동주가 더 사랑받는 이유는 비판 정신이 밖으로 향하지 않고 안으로 향해 스스로를 반성하기 때문이다.

돌무덤을 제치고 평안하냐고/묻는 딱 한 번의 질문에/사死의 비밀이 있고/하늘은 알고 있네/지평선에 접힌 생명의 기적을//죄를 등에 진 자子/수심은 바다 같고 고통은 대못처럼/가시면류관은 성전이 되고/차마 하나님의 아들이라고/말하지 못하는 겁쟁

이들//찢긴 살갗과 피로 얼룩진 십자가/처형된 유대인의 왕이/옥
상을 거닌다/정오의 태양보다 붉고 날렵하게/생기生氣로 덮치네
-「돌무덤을 열고」 전문

이 작품은 예수님의 부활을 제재로 형상화한 시다. 예수님
의 부활은 마태복음 28장 1절에서 10절까지의 내용과 같다.
죽은 지 사흘 만에 부활하신 예수님을 믿는 사람이 곧 기독
교인이다. 십자가에 못 박혀 죽은 뒤 돌무덤에 묻히고 예언대
로 사흘 만에 부활한 기적을 믿느냐 못 믿느냐가 참 기독교인
이 되는 기준이라면 부활 신앙은 기독교인이 되는 관문인 셈
이다.

빌라도총독이 예수와 바라바를 두고 둘 중 누구에게 십자
가형을 면제할까를 물을 때 바라바라고 대답하는 군중들의
말에 따라 예수님을 십자가형에 처한다. 빌라도는 예수님께
네가 정말 하나님의 아들이냐고 묻는다. 그 물음에 예수님은
그렇다고 대답하므로 십자가형을 받게 된다.「돌무덤을 열고」
는 이런 배경에 맞추어 진정한 기독교인인 목사의 신앙심을 내
용으로 한 시다. "죄를 등에 진 子"가 예수님인데 '자' 자字를
'者'로 쓰지 않고 '子'로 쓴 이유는 '하나님의 아들'이라는 뜻으
로 쓴 것이 아닐까? "처형된 유대인의 왕"은 바로 예수님이다.
기독교 신자 곧 예수님의 제자들조차 처형이 두려워 "하나님
의 아들"이라고 말하지 못하는 "겁쟁이들"을 나무라는 시인이
야말로 위대한 시인이요 참다운 목사라고 아니할 수 없다.

세상에서 가장 큰 책을 너에게 주노라/사도행전 3장 6절의 말
씀이 살아 움직이고/바이블이 하늘에서 떨어지고/결핵성 늑막
염은 온데간데없이/깃털보다 가벼운 존재의 의미/불과 다섯 시
간 만에 빛이 덮치고/오대양 육대주를 돌아/운명의 궤도를 여행
하고/귀를 접어도 쏟아지는 하나님의 음성/하늘과 달과 별의 임
자를 보고/위대한 임재의 소용돌이에 빠져든다//22세의 청춘은
세월이 두렵지 않아/남은 인생이 시퍼렇게 버티고/마지막 장면을
찍기 위해서/굳은 발꿈치를 도려내며/죽음과 싸울 일만 남았다
- 「꺼지지 않는 목소리」 전문

제목의 꺼지지 않는 목소리는 무엇일까? 이 시 속에 들어 있
다. '살아계신 하나님' '죽음과의 싸움' '사도행전 3장 6절의
말씀'이 아닐까? 우선 성경을 펴보자

"베드로가 가로대 은과 금은 내게 없거니와 내게 있는 것으로
네게 주노니 곧 나사렛 예수 그리스도의 이름으로 일어나 걸으라
하고"(사도행전 3장 6절)

시인의 말에 의하면 22세 때 8개월 간 결핵성 늑막염을 앓
던 중 의사로부터 고칠 수 없다는 통보를 받고 절망함을 감추
지 못하고 마지막으로 하나님께 맡기는 각오로 교회에서 예배
를 드리는 중에 눈으로 보지 못했던 하나님의 존재를 병을 고
쳐달라는 간절한 믿음의 기도와 함께 사도행전 3장6절의 말
씀을 받아들이는 즉시 곧 병에서 완쾌된 체험을 바탕으로 쓴
신앙 간증과 같은 시다.

이 작품의 해석은 시인의 체험을 통한 해석이므로 역사주의 비평 즉 의도비평이 되었다. 사도행전에 나타난 기적이 시인에게 있었다면 이 시는 하나님의 구원을 찬미한 아름다운 작품이요, 따라서 문학은 곧 구원이라고 할 수 있다. 이 구원은 하나님의 사랑에 의한 구원이다. 이 작품을 높이 평가하는 이유는 충만한 시정신에 있다. 신선규의 이론에 의하면 혼으로 쓴 시요, 니이체의 주장으로는 피로 쓴 글이기 때문이다.

　　어미의 젖을 물고/세상과 포옹한 아담아//에덴의 동쪽에 증오가 끓어오르고/선악과와 생명나무 사이에서/우울한 아담아//실존의 질문에 답해 줄/나뭇잎에 코를 숨기고 빤히/마주친 아담아//어디로 나서/어디로 가는지/어미는 알고 있다//동정녀 마리아와 어미의 애중이/로고스(말씀)와 육신으로/벌거벗을 때/강보에 싼 아담아/세상을 정복하라

- 「귀빠진 날에 포옹」 전문

이 작품은 인간의 실존과 출생의 비밀을 철학적으로 묻는 시다. 시는 철학이 아니라 문학이지만 철학적이어서 더욱 깊이를 가지게 되는 예술이다. 아니 위대한 문학 작품은 대부분 깊은 철학이 내포되어 있다. 세계 4대 시성으로 일컬어 온 호머, 단테, 셰익스피어 그리고 괴테의 대표작들에는 철학이 숨어 있다. 위대한 문학이나 노벨문학상 수상작에는 예술성과 철학성이 숨겨 있다. 철학성이 어설프게 노출되면 실패할 수 있다는 점이 문제다.

이수아 시인은 언어를 조합하는 재능이 탁월하다. 시를 쓰

는 평자도 부러워하는 바다. 시인은 무엇보다도 언어 조합의 달인이어야 한다. 이질적인 언어의 조합이면서 많은 의미를 내포하여 애매성을 표현한 시를 형이상시形而上詩라고 하는 현대시이다.

"어디서 나서/어디로 가는지"라고 실존의 질문을 던진다. 시 안에는 그 답이 있는 것도 같지만 꼭 집어 이것이라고 할 말은 없다. 즉 애매하다고 하겠다. "동정녀 마리아와 어미의 애증이/로고스(말씀)와 육신으로/벌거벗을 때"는 정신은 하나님의 말씀이, 그리고 육체는 아담이 합해져 인간으로 완성되었다고 보는 종교적 해석을 내린 듯하다.

앰프슨(w, Empson)은 좋은 시는 애매성(Ambiguity)이 있는 시라고 말한다. 만해 한용운의 시집 『님의 침묵』에서 님의 의미를 조국(민족), 부처(중생), 연인, 무아無我 등 많은 주장이 있듯이 애매성이 있는 시를 좋은 시로 보았다. 필자의 만해 연구에서는 님을 가아假我가 아닌 진아眞我로 발표한 일이 있다. '나'는 거짓 나[假我]에서 ⇒'님'은 참나[眞我]로 변한다. 그러므로 '나=님'이다. 다시 말하면 님은 곧 나이다.

실존주의자 싸르트르는 인간 존재를 피투성被投性 즉 '던져진 존재'라고 보았다. 따라서 그는 인간에 대하여 "존재는 본질에 선행先行한다"고 정의를 내린 바 있다. 인간의 존재에 대한 시인의 존재 추구의 방법은 신학적 태도인 데 반해서 사르트르는 철학적 태도인 점을 밝혀둔다.

마지막으로 한 작품을 들여다보겠다.

할머니보다 엄마가 더 좋아/할머니는 엄마보다 더 안 예뻐/할머니는 엄마보다 그림을 못 그려/할머니는 엄마보다 돈도 없어/할머니는 엄마보다 일찍 자고/할머니는 엄마보다 뚱뚱해/할머니는 내 옆에 없잖아//손녀는 헤어질 때/능숙한 손놀림으로 자화상을/스케치하고 벽에 붙여 놓으란다//할머니의 속을 들락거리며/그림 한 장으로 달래주는/손녀의 하늘은/자유롭다//손녀는 줄곧 말한다/나는 엄마한테//"사랑( ) 빠졌다"

– 「조사助詞가 빠진 사랑」 전문

이 작품의 제목이 재미있다. 순수하고 거짓 없는 그리고 천진난만한 동심 속에는 하나님이 들어있다. 시집의 제목을 이 작품의 제목으로 한 이유가 바로 여기에 있지 않나 하고 생각했다. 일반적으로 따로 살고 있는 할머니보다 함께 사는 엄마가 좋아서 엄마한테 사랑에 빠졌다고 했겠지만 이수아 시인은 이 작품을 통해서 하나님의 사랑을 말하고자 한 것이라고 말하고 싶다. 시적 화자인 손녀는 엄마의 사랑을 절대적인 사랑으로 말하지만 시인이 말하고자 하는 것은 하나님의 사랑일 것이다.

3. 맺음말

이수아의 첫 시집 『다시, 신랑이 온다』에서는 고독한 가운데 하나님 곁으로 가려는 의지와 신념을 염원했다. 두 번째 시집 『흰색 여우야, 어디로 가니』에서는 삶의 진통 속에서도 하나님을 놓치지 않고 찾는 시인의 부르짖음을 들을 수 있다. 시인은 하나님을 '신랑'과 '흰색 여우'로 바꾸어 명명하면서 고대하고 기원했다. 이제 세 번째 시집 『사랑( ) 빠졌다』에서는 미완성에서 완성을 향하여 파도를 넘어가는 삶을 통하여 하나님 곁으로 다가가는 모습을 보았다. 『사랑( ) 빠졌다』에서는 시인이 소녀가 되어 어머니(하나님)의 사랑에 빠졌다고 선언하는(고백하는) 것으로 끝을 맺는다. 이수아의 제3시집 『사랑( ) 빠졌다』는 존재의 탐구와 사랑을 통한 구원의 시학이라고 결론을 내리고 싶다.